# Substitution

und

# Simultanzulassung

bei den

# Berliner Landgerichten.

Von

**Dr. L. Bendix,**
Rechtsanwalt zu Berlin.

Berlin 1910.
J. Guttentag, Verlagsbuchhandlung.
G. m. b. H.

Nichts macht dem Juristen größere Schwierigkeiten, als die Anwendung älterer oder gar veralteter Gesetze auf Erscheinungen, mit denen die gesetzgebenden Faktoren zur Zeit des Erlasses der Gesetze nicht gerechnet haben und nicht haben rechnen können. Methodisch sind bei dem Versuch einer solchen Anwendung zwei Möglichkeiten gegeben. Von dem einen Standpunkte aus wird argumentiert werden: die älteren Gesetze sehen den Fall der neuen Erscheinungen nicht vor und können daher diesen Fall auch nicht in sich aufnehmen. Die neue Erscheinung steht im Widerspruch mit dem gegebenen Gesetz und verletzt dieses. Von dem anderen Standpunkt aus wird geschlossen: die nicht vorgesehenen Erscheinungen fallen unter den Wortlaut des älteren Gesetzes; die Zwecke und Fälle, welche dieses regeln wollte, sind gleicher Art, wie die der neuen Tatbestände; diese befinden sich daher mit dem Gesetz in Übereinstimmung. Der naheliegende Einwand, daß auf dem Gebiete des öffentlichen Rechts analoge Rechtsanwendung höchst bedenklich oder gar unzulässig sei, greift nicht durch, weil in beiden Fällen allein die Frage zu entscheiden ist, ob der Wortlaut des Gesetzes in Verbindung mit den von ihm verfolgten Zwecken den neuen Tatbestand deckt.

In der Berliner Rechtsanwaltschaft sind heftige Meinungsverschiedenheiten darüber aufgetreten, ob das Substitutionsverfahren vieler nicht simultan bei allen drei Berliner Landgerichten zugelassenen Rechtsanwälte, Prozesse bei den Berliner Landgerichten, bei denen sie nicht zugelassen sind, auf Grund von Untervollmachten gemäß § 27 RAO. zu instruieren und in der mündlichen Verhandlung sowie der Beweisaufnahme regelmäßig und zumeist ausschließlich zu vertreten, mit den einschlägigen gesetzlichen Bestimmungen in Übereinstimmung sich befinde. Hierbei scheint Einigkeit darüber zu herrschen, daß dieses Verfahren gegen den § 28 RAO. nicht verstoße, wenn es eine zulässige Ausnahme von dem Gesetz gewordenen Grundsatz der Lokalisierung darstelle, wenn es eben gesetzmäßig sei.

Was nun die Gesetzmäßigkeit des streitigen Verfahrens anlangt, so läßt sich darüber erst eine Entscheidung treffen, wenn die Entstehungsgeschichte[1]) und die daraus ersichtlichen Zwecke der §§ 27, 8ff. RAO. näher untersucht worden sind, zumal beide, anscheinend in Vergessenheit geraten[2]), bereits das Rüstzeug zur Entscheidung der vorliegenden Streitfrage enthalten.

Bei den Beratungen über das Gerichtsverfassungsgesetz hat die Justizkommission in den siebziger Jahren auf Grund von Anträgen ihrer Mitglieder Bähr, Thilo und Lasker einen Titel: „Rechtsanwaltschaft" als letzten des Gesetzentwurfs zur Diskussion gestellt. Die einmütigen Grundlagen dieser Anträge, die auch von keiner Seite bis zur schließlichen Annahme des jetzigen Gesetzes ernstlich in Frage gestellt wurden, waren die Prinzipien der freien Advokatur und der zur Durchführung des in der ZPO. bereits anerkannten Anwaltszwanges erforderlichen Lokalisierung. Das Problem, dessen Lösung versucht wurde, bestand in der praktisch-technischen Durchführung dieser herrschenden Prinzipien. Hier interessiert nur die Verschiedenheit der Ansichten und Anträge über die Verwirklichung des Anwaltszwanges bis zu dem endlichen Kompromiß, den die Regelung des Lokalisierungsprinzips in dem jetzigen Gesetz gefunden hat.

Zunächst beschäftigte Abgeordnete und Regierungsvertreter eine Sorge, die wir heute so gut wie gar nicht kennen und die doch für die Interpretation der einschlägigen Bestimmungen von größter Wichtigkeit ist, die Frage nämlich, ob denn zur Durchführung des Lokalisierungsprinzips bei jedem Kollegialgericht genügend Rechtsanwälte zur Verfügung ständen. Mit Rücksicht darauf, daß diese Frage verneint wurde, jedenfalls ihre Bejahung höchst bedenklich erschien, wurde „zur ordnungsmäßigen Erledigung der Anwaltsprozesse" eine Regelung für erforderlich gehalten, die bereits eine

---

[1]) Vgl. Siegel: Die gesamten Materialien zu der Rechtsanwaltsordnung vom 1. Juli 1878. Leipzig 1883.

[2]) Mit Rücksicht hierauf werden die einschlägigen Stellen, zugleich auch zur Erleichterung der Nachprüfung, wörtlich wiedergegeben.

Ausnahme von dem Lokalisierungsprinzip darstellte. Bähr beantragte nämlich im § 6 seiner Anträge:

„Als Bevollmächtigte in Anwaltsprozessen können nur die bei dem Prozeßgericht zugelassenen Rechtsanwälte auftreten.

Ist die Zahl der bei einem Gericht zugelassenen Rechtsanwälte für die ordnungsmäßige Erledigung der Anwaltsprozesse nicht ausreichend, so kann auf Antrag dieses Gerichts die Landesjustizverwaltung, nach Anhörung des Oberlandesgerichts, bestimmen, daß die Rechtsanwälte benachbarter Gerichte auch zur Vertretung im Anwaltsprozesse bei diesem Gerichte zu verstatten sind.

In diesem Falle gehören die Reisekosten des auswärtigen Vertreters zu den notwendigen Auslagen, welche von der unterliegenden Partei zu erstatten sind.

Die nach dem zweiten Absatz angeordnete Zulassung ist auf Antrag des Gerichts von der Landesjustizverwaltung wieder aufzuheben.“

Dieser Vorschlag ist schließlich im § 12 RAO. Gesetz geworden. Die andere Ausnahme, welche zum Gesetz erhoben worden ist (§ 11 RAO.), betrifft die besonderen kleinstaatlichen Verhältnisse Mitteldeutschlands und soll hier unerörtert bleiben.

Aber schon im Schoße der Kommission traten Bestrebungen auf, welche mit der hier interessierenden Frage gleichartige Grundlagen haben. Die Abgeordneten Haarmann und Genossen beantragten nämlich zu dem § 5 der Bährschen Anträge, welcher lautet:

„Sind mehrere Gerichte an demselben Orte, so kann die Landesjustizverwaltung bestimmen, daß und unter welchen Voraussetzungen der bei dem einen Gericht zugelassene Rechtsanwalt auch bei dem anderen als zugelassen gelten soll.“

als Unterantrag:

„Sind mehrere Gerichte an demselben Orte, so gilt der bei einem Gericht zugelassene Rechtsanwalt auch bei dem anderen als zugelassen.“

Und Thilo hat zur Rettung des Prinzips der Lokalisierung im § 12 seiner Anträge folgendes vorgeschlagen:

„Die Rechtsanwälte sind befugt, bei allen deutschen Gerichten als Vertreter, als Verteidiger oder als Beistand aufzutreten. In Anwaltsprozessen ist jedoch einem beim Prozeßgerichte nicht zugelassenen Anwalt die Vertretung als Bevollmächtigter nur für den Lauf der mündlichen Verhandlung einschließlich der Beweisaufnahme gestattet.“

Aber auch Thilo läßt im § 6 eine Ausnahme von Lokalisierungsprinzip, wie folgt, zu:

„Aus überwiegenden dienstlichen Rücksichten kann jedoch die Zulassung bei mehreren bestimmten Gerichten erfolgen, sofern diese an einem und demselben Orte ihren Sitz haben."

Bei der Abstimmung über die aus den vorstehenden Anträgen ersichtlichen Ausnahmen von dem Lokalisierungsprinzip beschließt die Kommission in den hier zur Erörterung stehenden Fragen:

„1. Die Frage, ob jeder Rechtsanwalt, welcher bei einem Gerichte zugelassen worden, bei allen an demselben Orte befindlichen Land- und Oberlandesgerichten praktizieren dürfe, wird verneint."

„2. Die Frage, ob es den Landesjustizverwaltungen unbenommen sein soll, da, wo ein Landgericht und ein Oberlandesgericht oder mehrere Landgerichte an demselben Orte existieren, zu gestatten, daß die bei dem einen Gerichte angestellten Anwälte auch bei einem der übrigen Gerichte praktizieren, wird bejaht."

Aus den vorstehenden Anträgen und Beschlüssen ergibt sich bereits, daß die Zulassung zur Simultanpraxis als eine generelle gedacht war.

In der Diskussion wird auch die Frage aufgeworfen, ob die Assoziation von Anwälten bei der Lokalisierung zulässig sein würde. Der Regierungsvertreter bejaht die Frage aus dem Gesichtspunkte, daß die Möglichkeit, sich gemeinsame Vollmacht geben zu lassen, schon jetzt unbeanstandet gegeben sei. Dagegen lehnt ein anderer Regierungsvertreter die Zulassnng der Amtsgerichtsanwälte zu den übergeordneten Landgerichten ab, indem er meint, daß alles in dieser Hinsicht etwa Erforderliche sich unbeschadet des Prinzips durch Annahme des oben wiedergegebenen zweiten Satzes des § 12 im Antrage Thilo erreichen lasse. Im allgemeinen meint er, lasse der Antrag Thilo das Prinzip bestehen, mache aber eine durch praktische Erwägung gebotene Ausnahme. Und der Abgeordnete Thilo selbst führt zur Begründung seines den Grundgedanken des § 27 RAO. bereits zum Ausdruck bringenden Vorschlages an, es läge im Interesse der Parteien, sich eines auswärtigen Anwalts, dem sie besonderes Vertrauen schenken, bedienen zu können, sofern sie die Mehrkosten bezahlen.

Diesen Thiloschen Antrag hat der Abgeordnete Wolffson dahin geändert:

„Der beim Prozeßgericht zugelassene Rechtsanwalt kann jeden anderen Rechtsanwalt für die mündliche Verhandlung einschließlich der Beweisaufnahme substituieren."

Zur Begründung seines Antrages führt der Abgeordnete Wolffson aus:

„Er wolle nicht nur Anwälte bei den Amtsgerichten zulassen, sondern wolle auch diesen Amtsgerichtsanwälten einige wirkliche Rechte bei den Landgerichten einräumen. Da der Weg, auf dem er diesen Zweck zu erreichen wünsche, keine Aussicht auf Billigung der Kommission habe, so nehme er den Gedanken des Thiloschen Vorschlages insofern an, als er jedenfalls auch den Anwälten beim Amtsgerichte in der von ihm erwünschten Richtung zugute komme. Jedoch nehme er Anstoß an dem Ausdruck „Vertretung" . . . . . . er habe nur dem dem zweiten Satze des § 12 zugrunde liegenden Gedanken einen anderen Ausdruck gegeben, der besser mit der Zivilprozeßordnung harmoniere. Es solle immer eines Rechtsanwalts bedürfen, der an demjenigen Gerichte zugelassen sei, bei welchem der Anwaltsprozeß geführt werde. Dieser Rechtsanwalt solle sich aber einen anderen Rechtsanwalt substituieren dürfen, der bei dem betreffenden Gerichte nicht zugelassen sei. Die Annahme dieses Antrages würde insofern eine Änderung der Zivilprozeßordnung herbeiführen, als sonst nach den Bestimmungen der Zivilprozeßordnung nur ein an dem betreffenden Gerichte zugelassener, nicht aber ein auswärtiger Anwalt substituiert werden könnte . . . . ."

Bei der Abstimmung nimmt die Kommission, die sich offenbar die letzten Ausführungen zu eigen gemacht hat, den Antrag Wolffson an, lehnt dagegen den Antrag Thilo, der damit übereinstimmte, jedoch eine selbständige Vertretung des nicht zugelassenen Anwalts vorsah, ab.

Die Übertragung und Anwendung der vorstehenden Darlegungen des Abgeordneten Wolffson auf die hier in Rede stehende Streitfrage ergibt sich von selbst und würde notwendig dahin führen müssen, das streitige Substitutionsverfahren als zulässig zu erachten. Es ist darauf später zurückzukommen.

Schließlich hat die Redaktionskommission als § p den jetzigen § 27 RAO., wie folgt, gefaßt:

„Auf Grund der Zulassung bei einem Gerichte ist der Anwalt befugt, vor jedem Gericht innerhalb des Reiches Verteidigungen zu führen, als Beistand aufzutreten und, insoweit in Prozessen eine Vertretung durch Anwälte nicht geboten ist, die Vertretung zu übernehmen.

Insoweit eine Vertretung durch Anwälte geboten ist, kann nur ein bei dem Prozeßgericht zugelassener Anwalt die Vertretung übernehmen. In der mündlichen Verhandlung, einschließlich der vor dem Prozeßgericht erfolgenden Beweisaufnahme, kann jedoch ein bei dem Prozeßgericht nicht zugelassener Anwalt die Vertretung übernehmen, sofern ihm dieselbe von dem bei dem Prozeßgerichte zugelassenen Anwalte der Partei übertragen ist.

Für Orte, an welchen sich mehrere Kollegialgerichte befinden, kann die Landesjustizverwaltung anordnen, daß die bei einem dieser Gerichte zugelassenen Anwälte auch bei einem anderen die Vertretung der Parteien in Anwaltsprozessen übernehmen dürfen.

Die bei dem Reichsgerichte zugelassenen Anwälte sind nicht befugt, bei einem anderen Gerichte aufzutreten."

Die vorstehende Bestimmung ist von der Justizkommission in der Debatte vom 19. Februar 1876 ohne Diskussion angenommen worden und hat schließlich als § 9 des Titels **IXa** (Rechtsanwaltschaft) des Gerichtsverfassungsgesetzentwurfes Aufnahme gefunden. Bei der zweiten Beratung der Justizkommission über den Titel **XIa** des GVG. stellte dann der Abgeordnete Mayer den Antrag, den Absatz II des § p, nunmehrigen § 9, am Ende zu fassen:

„Sofern ihm dieselbe von dem bei dem Prozeßgerichte zugelassenen Anwalte der Partei mit Einwilligung der letzteren übertragen ist."

Und Wolffson beantragte, dem Absatz II hinzuzufügen:

„Diese Bestimmung findet auf die Vertretung vor dem Reichsgericht keine Anwendung",

indem er zur Begründung anführt, sein Antrag sei durch die Ausführung der Anwälte des Berliner Obertribunals[1]) veranlaßt worden, nach deren Ansicht zu befürchten stehe, daß von der Substitutionsbefugnis ein sehr ausgedehnter Gebrauch gemacht werde.

Hiermit soll offenbar zum Ausdruck gebracht werden, daß das Substitutionsverfahren im weitgehendsten Umfange zulässig sei. Das ergibt sich auch aus den Äußerungen der anderen Abgeordneten[2]) zu diesen Abänderungsanträgen, die schließlich dann angenommen wurden.

Der Kommissionsbericht verteidigt und begründet die eben wiedergegebenen Vorschläge, indem er sich mit dem Beschluß des

---

1) In Jur. Woch. 1876, S. 78ff.

2) Bei Siegel, Materialien S. 105.

Anwaltstages zu Köln [1]) auseinandersetzt, der die Zulassung zur Anwaltschaft für alle Gerichte eines Oberlandesgerichtsbezirks verlangt. Die Kommission hat, so heißt es in dem Bericht, ganz abgesehen von der Frage, welche Einrichtung am meisten dem Interesse des gesamten Anwaltsstandes entspricht, geglaubt, daß hier die Anforderungen einer guten Rechtspflege und das Interesse des rechtsuchenden Publikums maßgebend sein müßten. Von diesem Standpunkt aus kommt die Kommission zu dem Ergebnis:

„Das Recht der Prozeßführung bei jedem in einem bestimmten Oberlandesgerichtsbezirk gelegenen Gerichte hebt die von der Lokalisierung gehofften Vorteile auf und hat weder in der Beschränkung noch in der Erweiterung des Grundsatzes der Lokalisierung eine Berechtigung."

Jedoch glaubt die Kommission durch den oben wiedergegebenen § 9 (§ p, q) „einem bei manchen Prozessen vorliegenden Bedürfnis entsprochen zu haben", sie ist also offenbar der Ansicht, daß die starre Durchführung des Lokalisierungsprinzips unhaltbar ist, und daß den Interessen aller beteiligten Kreise, einschließlich der Anwälte, durch die bezeichnete Vorschrift Rechnung getragen werden müsse. Demgemäß wird denn auch im § 170 des Entwurfs eines GVG. in dem nunmehr XI. Titel (Rechtsanwaltschaft) der § 9 (p, q) aufgenommen.

Die kurz dargelegte Arbeit der Justizkommission blieb zunächst ergebnislos, da der Bundesrat erklären ließ, er würde das GVG. mit dem XI. Titel (Rechtsanwaltschaft) nicht annehmen, weil diese Materie in einem besonderen Gesetze, vor allem mit Rücksicht auf die Regelung der Disziplinarverhältnisse der Anwälte (Anwaltskammer usw.), geregelt werden müßte. Daraufhin hat schließlich das Plenum des Reichstages nach eingehenden Auseinandersetzungen in der Sitzung vom 19. Dezember 1876 den XI. Titel abgelehnt. Die Arbeit war aber nicht vergeblich; denn die Regierung brachte bereits am 6. Februar 1878 den versprochenen Entwurf der Rechtsanwaltsordnung ein, der sich in wesentlichen Punkten auf die Beratungen und Gesetzentwürfe der Kommission gründete.

Der § 170 des Kommissionsentwurfes ist als § 23 und zum Teil als § 7 des Regierungsentwurfs in diesen aufgenommen worden.

[1]) Vgl. Siegel S. 86 Anm. § b.

Der Regierungsentwurf § 23 Absatz I ist im § 27 der RAO. Gesetz geworden. Der Absatz II § 23 des Entwurfs unterscheidet sich von dem Gesetz nur durch seine Fassung, in dem es dort heißt: „Die Rechtsverteidigung führen" und: „für den Fall, daß der bei dem Prozeßgerichte zugelassene Rechtsanwalt ihm die Vertretung als Prozeßbevollmächtigter überträgt, auch diese übernehmen".

Aus der Begründung des Entwurfs sind für die vorliegende Frage die folgenden Stellen von besonderem Interesse:

„Die Frage, ob es besser sei, daß ein Prozeß in mehreren Instanzen von demselben Rechtsanwalt, oder daß er von verschiedenen Rechtsanwälten geführt wird, läßt sich — auch vom Standpunkte der Partei — allgemein weder bejahen noch verneinen. Sicher ist es oft von Vorteil, wenn in der höheren Instanz der Anwalt völlig unbefangen mit der Sache befaßt wird. Doch lassen sich auch Fälle denken, in welchen die Führung des Prozesses durch denselben Anwalt vorzuziehen ist, beispielsweise wenn die Fülle des tatsächlichen Materials einem Anwalte, der die Sache nicht unter seinen Händen entstehen sah, erhebliche Schwierigkeiten bereiten würde. Alsdann gewährt aber schon die obenerwähnte Ausnahme Hilfe; dem Anwalt erster Instanz kann die Vertretung in der mündlichen Verhandlung zweiter Instanz oder doch mindestens die Rechtsverteidigung übertragen werden. Denn in der mündlichen Verhandlung tritt die Seite der Advokatur allgemein in den Vordergrund. Für sie besteht das Bedürfnis einer Lokalisierung der Praxis nicht. Im Gegenteil kann es unter Umständen der Partei wünschenswert erscheinen, in der mündlichen Verhandlung erster oder höherer Instanz durch einen anderen, nicht bei dem Prozeßgerichte zugelassenen Rechtsanwalt vertreten zu werden, sei es, daß die Partei zu diesem ein besonderes Vertrauen hat, oder sei es, daß die Anwendung von Rechtsnormen in Frage kommt, die nur in gewissen Bezirken gelten, oder sei es, daß die richtige Beurteilung des Falles in tatsächlicher Beziehung eine besondere Kenntnis lokaler Verhältnisse voraussetzt. Den Grundsätzen der Zivilprozeßordnung widerspricht es durchaus nicht, daß im Anwaltsprozesse neben dem Prozeßbevollmächtigten ein anderer Rechtsanwalt in der mündlichen Verhandlung die Rechtsverteidigung führe, d. h. die Ausführung des Rechtspunktes dem Gericht vortrage, und ebensowenig, daß der Prozeßbevollmächtigte die Vertretung der Partei in der mündlichen Verhandlung einem anderen Rechsanwalte übertrage."

— — —

„Wie oben bereits ausgeführt worden, läßt es sich mit dem Grundsatze des § 74 der Zivilprozeßordnung, auf welchem der erste Satz des § 23 beruht, in Einklang bringen, daß die Vertretung einer mit einem Prozeßbevollmächtigten versehenen Partei in der mündlichen Verhandlung einem bei dem betreffenden Gerichte nicht zugelassenen Rechtsanwalte übertragen werde oder die Rechtsverteidigung durch einen solchen ausgeführt werde.“

Der Kommissionsbericht zur Vorberatung des Entwurfs der RAO. interpretiert den § 23, den jetzigen § 27, wie folgt:

„§ 23 gestattet indessen auch dem bei einem anderen Gerichte zugelassenen Anwalt, in der mündlichen Verhandlung einschließlich der Beweisaufnahme vor Landgerichten und Oberlandesgerichten die Rechtsausführung, und wenn ihm die Vertretung von einem bei dem Prozeßgerichte zugelassenen Anwalt übertragen wird, auch diese zu übernehmen. Im letzteren Falle wird der als Substitut des beim Prozeßgerichte zugelassenen Anwaltes auftretende Anwalt mithin auch alle diejenigen Prozeßhandlungen vornehmen und alle diejenigen verbindlichen Erklärungen abgeben können, welche die Zivilprozeßordnung in § 77 aufführt, soweit sie in der mündlichen Verhandlung vorzunehmen sind, während der nur zur Rechtsausführung (Plaidoyer) hinzugezogene Anwalt nicht zu solchen Handlungen und Erklärungen berechtigt, sondern nur zu Rechtsdeduktionen, aber auch zur Befragung der Zeugen und Sachverständigen in der Beweisaufnahme, zuzulassen ist. In denjenigen Sachen, in denen Anwaltszwang besteht, wird also die Partei immer eines bei dem Prozeßgerichte zugelassenen Anwalts bedürfen, würde sich aber dabei auch der Mitwirkung eines bei einem anderen Gerichte zugelassenen Anwalts sowohl zur Rechtsausführung, als auch mit Zustimmung des Prozeßbevollmächtigten zur Vertretung in der mündlichen Verhandlung bedienen können. Der Partei wird dadurch eine größere Freiheit in der Auswahl ihres Rechtsbeistandes, dem Anwalt ein größerer Kreis für seine Tätigkeit geboten, und nur die eigentliche Anwaltschaft in Sachen des Anwaltszwanges den beim Prozeßgerichte zugelassenen Anwälten reserviert bleiben.“

Der Berichterstatter, Abgeordneter Dr. Wolffson, der sich um das Zustandekommen der RAO. große Verdienste erworben hat, erklärt zum § 23:

„Ich muß zunächst, meine Herren, darauf aufmerksam machen, daß in der prozessualischen Tätigkeit sich zwei Gattungen unterscheiden lassen, die formell geschäftliche und die rein juristische. Die formell geschäftliche betrifft den Verkehr der Partei mit dem Gericht, entweder direkt zwischen Partei und Gericht, oder durch Vermittelung eines Prozeßbevollmächtigten. Es handelt sich dabei also um die Einbringung der Sache bei dem Gericht, um Annahme und Abgabe von Zustellungen, Vorlegung des Rechtsstreits in seinen faktischen Beziehungen, die Abgabe von rechtsverbindlichen Erklärungen, Zugeständnissen, Verzichtleistungen, Vergleiche und so weiter. Die andere Seite der Tätigkeit ist die juristische Ausführung, welche die Regierungspartei in § 23 „Rechtsverteidigung", die Kommission „Rechtsausführung" genannt hat. Beide Tätigkeiten lassen sich unterscheiden als anwaltliche und als advokatorische Tätigkeit. Die Verschiedenheit dieser Tätigkeiten hat in manchen Ländern, namentlich in den Ländern des französischen Rechts, dahin geführt, beide Funktionen zu trennen in den Personen, Anwälte neben Advokaten zuzulassen. Wir sind in der Vorlage der Regierung und nach den Beschlüssen der Kommission in eine solche Trennung nicht eingetreten, sondern man hat, sich an die Gewohnheiten in den meisten deutschen Staaten anschließend, im Interesse der Zweckmäßigkeit es für richtig befunden, Anwaltschaft und Advokatur in einer und derselben Person zu vereinigen. Aber die Tätigkeiten, meine Herren, sind voneinander nichtsdestoweniger zu unterscheiden.

Was die Advokatur betrifft, meine Herren, so umfaßt sie also das Plaidoyer in allen Zivilsachen, sie umfaßt die Verteidigung in allen Strafsachen. Man kann nicht genug darauf hinweisen, daß der Entwurf, wie er jetzt vorliegt, und wie ihn die Regierungen vorgelegt haben, nach dieser Richtung einen außerordentlichen Fortschritt gegen den jetzigen Zustand enthält, indem er den in irgendeinem deutschen Staat zugelassenen Anwälten das Recht der Advokatur bei allen deutschen Gerichten gibt, eine außerordentliche Erweiterung der Rechtsbefugnisse der Anwälte, aber auch der Befugnisse der Parteien in bezug auf die Auswahl ihrer Vertreter. Eine Lokalisierung, irgendeine Beschränkung in bezug auf die Advokatur findet nach dieser Vorlage für das ganze Deutsche Reich nicht statt.

— — — — —

— — Während also § 74 für Kollegialgerichte zugelassene Anwälte als Prozeßbevollmächtigte fordert, findet in bezug auf das amtsgerichtliche Verfahren eine Beschränkung überhaupt nicht statt, sondern es ist gestattet, jeden als Prozeßbevollmächtigten auftreten zu lassen. Daraus entwickelt sich auch in bezug auf die Anwaltschaft die Möglichkeit, daß jeder deutsche, bei irgendeinem Gericht zugelassene Rechtsanwalt die Anwaltschaft vor jedem deutschen Amtsgericht ausüben kann; die Beschränkung, die man als Lokalisierung bezeichnet, bezieht sich also nur auf das Verhältnis der Anwälte zu Kollegialgerichten, und der

Begriff der Lokalisierung ist in der Vorlage so aufgefaßt worden, daß durch die Zulassung bei einem einzelnen Kollegialgerichte und durch den Wohnsitz des Zugelassenen am Orte dieses Gerichts die Ausübung der Anwaltschaft bei demselben bedingt ist."

Der § 27 RAO. ist auf der Grundlage der vorstehend wiedergegebenen Auffassung im Plenum ohne eingehendere Diskussion zur Annahme gelangt. Dies kann nicht wundernehmen, wenn die Zwecke berücksichtigt werden, welche der § 27 entsprechend den zitierten Meinungen verfolgte. Diese Zwecke werden besonders deutlich, wenn die Diskussionen über die Bestimmungen herangezogen werden, zu denen er im unmittelbaren und unlöslichen Zusammenhang steht, nämlich diejenigen, die eine Kodifikation des Lokalisierungsprinzips enthalten.

Hatten sich schon bei den oben erörterten Beratungen der Justizkommission erhebliche Gegensätze herausgestellt, so traten die gleichen Differenzen auch bei den Erörterungen der Regierungsvorlage in der Kommission und dem Plenum hervor. Diese prinzipiellen Gegensätze werden am besten veranschaulicht, wenn die verschiedenen, zu Anträgen verdichteten Vorschläge zur Abänderung des Regierungsentwurfs nebeneinandergestellt werden (vgl. Anlage am Schlusse des Buches).

Die leitenden Gesichtspunkte ergeben sich aus den Gegenüberstellungen der Anlage zu diesem Buche von selbst: Einigkeit bestand ganz allgemein in der Ablehnung des Antrages der Regierung, der die Zulassung des Rechtsanwalts bei einem anderen Gerichte ganz in das Ermessen der Landesjustizverwaltung stellen wollte. Das gegen die Unkontrollierbarkeit dieses Ermessens gerichtete Mißtrauen suchte und fand objektive Gesichtspunkte und objektive Instanzen für die Entscheidung der das Prinzip der Lokalisierung aufhebenden Fälle. Hervorgehoben zu werden verdient hierbei, daß der an sich enge Maßstab des Kommissionsentwurfes, die ordnungsmäßige Erledigung der Anwaltsprozesse, schließlich dem allgemeineren und vielgestaltigeren Gesichtspunkt des Interesses der Rechtspflege Platz machte. Von praktischem Interesse ist es auch, daß die Prüfung nach dem ersten Maßstabe die Erforderlichkeit der Zulassung zum Gegenstande hat, während der Gesetz gewordene Antrag Lasker in der wichtigen redaktionellen Abänderung Frankenburgers die Prüfung darauf beschränkte, ob die Zulassung bei mehreren an einem Orte befindlichen Kollegialgerichten dem Interesse der Rechtspflege ursprünglich vereinbar, schließlich förderlich sei. Die Zulassung zur Simultanpraxis im Interesse der Rechtspflege soll aber nach dem einmütig von der Kommission angenommenen Antrage Klotz nicht in Ansehung einzelner Personen der Rechtsanwälte, sondern „für die gesamte Klasse der an einem Lokalgerichte zugelassenen Rechtsanwälte" erfolgen, eine Bestimmung, mit der sich die allgemeine Verfügung vom 28. Juni 1879, betreffend die Ausführung der Deutschen Rechtsanwaltsordnung II, 5 (JMBl. 1879 S. 151), in Widerspruch setzt. Dieser Widerspruch muß als ein gesetzwidriger bezeichnet werden, wenn angenommen wird, daß der Antrag Klotz, der so gut wie wörtlich in Abs. 1 § 10 RAO. Gesetzeskraft erlangt hat, auch seinem deutlich ausgesprochenen Zwecke nach Gesetz geworden ist. Denn der Antrag Klotz richtet sich gerade gegen die Simultanzulassung der Zahl nach und bezweckt offenbar, zur Durchführung des Prinzips der freien Advokatur, das Oberlandesgericht wie die Landesjustizverwaltung vor die Wahl zu stellen, entweder generell die Zulassung des bei einem kollegial zusammengesetzten Lokalgerichte zugelassenen Anwalts bei den anderen Lokalgerichten gleicher Ordnung dem Interesse der Rechtspflege für förderlich zu erklären, oder aber die Förderlichkeit zu verneinen und die Zulassung bei mehreren Lokalgerichten überhaupt zu versagen.

Das allein entspricht auch dem in §§ 1—4, 13 RAO. anerkannten Prinzip der freien Advokatur.

Daß es der Sinn des § 10 Abs. 1 RAO. auch wirklich ist, ergibt sich, wenn der gleichgerichtete und in den fraglichen Ausdrücken gleichlautende § 9 RAO. herangezogen wird. Denn in bezug auf ihn führt Lasker, der Vater dieser Gesetz gewordenen Kompromisse, in seiner Rede zur Begründung seiner Anträge (S. 488, Siegel) aus:

„Damit aber die Landesjustizverwaltung nicht gegen das Interesse der Rechtspflege des größeren Prinzips wegen überall sich ablehnend verhalte, haben wir festgestellt, daß da, wo das Oberlandesgericht und die Anwaltskammer — das heißt also die Repräsentation der Rechtspflege des Bezirks und die Repräsentation des Rechtsbeistandes für das Publikum — erklären, es sei förderlich für die Rechtspflege, daß die Anwälte beim Landgericht zugelassen werden, daß da auch die Zulassung für jeden Anwalt ohne Unterschied stattfinden **muß**, weil da, wo das Bedürfnis konstatiert ist, das Recht jedes einzelnen begründet ist, zugelassen zu werden."

Für die hier vertretene Ansicht spricht auch die Erwägung, daß es nicht recht angängig, ja grotesk erscheint, wenn, was bei der entgegengesetzten Auffassung als möglich und gewollt gelten muß, die Zulassung eines oder zweier Anwälte als dem Interesse der Rechtspflege für förderlich erklärt werden könnte. Dagegen scheint der Absatz II des § 10 RAO. zu sprechen, und in der Tat kann das Verhältnis der beiden Absätze des § 10 RAO. zweifelhaft sein; denn es fragt sich, ob dem Absatz II eine selbständige Bedeutung beizumessen ist, oder ob er als ein Fall und, wie entgegnet werden wird, der einzige Fall der Ausführung des Absatzes I aufzufassen ist.

In den Materialien finden sich merkwürdigerweise keinerlei Erörterungen oder Gesichtspunkte über das Verhältnis der beiden Absätze des § 10 RAO.[1]). Jedoch gibt der ursprüngliche Antrag Lasker einen Fingerzeig; denn dort war der maßgebende Gedanke, die ordnungsmäßige Erledigung der Anwaltsprozesse, und für diesen praktischen Zweck konnte eine bestimmte Anzahl von Rechtsanwälten als „erforderlich" in Frage kommen. Die an die Stelle getretene Förderlichkeit im Interesse der Rechtspflege kann aber nicht der Zahl nach entschieden werden, weil dies schließlich nicht bloß zu willkürlichen, sondern auch zu unhaltbaren, wie gesagt, geradezu grotesken Konsequenzen führen würde, insofern es der allein maßgeblichen Idee des Interesses der Rechtspflege widerspricht, es durch eine bestimmte Anzahl von Rechtsanwälten zu verwirklichen[2]).

---

[1]) Vgl. jedoch Lasker bei Siegel S. 516, dessen Rede freilich keinen Aufschluß gewährt: „Wesentliches will unser Antrag an dem Kommissionsbeschluß nicht ändern; nur für den einen Fall verlangt er auch Fürsorge zu treffen, wenn das Oberlandesgericht erklärt, daß eine bestimmte Anzahl von Anwälten notwendig sei; in diesem Falle sollen nicht die Schleusen ganz geöffnet werden, damit nicht eine übergroße Anzahl hinzuströme. Erklärt das Oberlandesgericht, daß es eine bestimmte Anzahl braucht, so muß unter einer größeren Zahl von Bewerbern Auswahl getroffen werden, da jeder Antragsteller ein Recht auf Zulassung hat. Mit Rücksicht hierauf ist der Vorschlag gemacht, in unsere Anträge die Wahl durch die Landesjustizverwaltung treffen zu lassen. Ich halte die Sache nicht für sehr erheblich, aber irgendeine Bestimmung ist nötig."

[2]) Dies ist natürlich von dem in der Rechtsanwaltsordnung kodifizierten Standpunkt der freien Advokatur gesagt und unter dem hier nicht in Frage stehenden Gedanken des numerus clausus unhaltbar.

Deshalb kann und muß der Absatz II § 10 RAO. als eine ganz unpraktisch gewordene Ausnahme von der Regel des Absatz I angesehen werden, wenn man nicht der noch zu erörternden Ansicht ist, daß die Bestimmung, ähnlich wie der § 12 RAO., insofern eine selbständige Bedeutung hat, als es die Erklärung, die Zulassung einer bestimmten Anzahl von Rechtsanwälten sei förderlich, der eigenen Initiative des Oberlandesgerichts überläßt. Der Absatz II des § 10 RAO. ist nämlich von diesem Standpunkt aus deswegen unpraktisch und unanwendbar, weil er einen Spezialfall des Interesses der Rechtspflege, nämlich die ordnungsmäßige Erledigung der Anwaltsprozesse, aus dem Gesichtspunkte regeln will, ob und daß die erforderliche Anzahl von Rechtsanwälten vorhanden ist. Denn nur, wenn der ursprüngliche Wortlaut des Antrages Lasker („zur ordnungsmäßigen Erledigung der Anwaltsprozesse für erforderlich") als Zweck des Absatzes II § 10 RAO. herangezogen und insoweit diese Bestimmung ergänzt und eingeschränkt wird, lassen sich die beiden Absätze des § 10 miteinander vereinigen. Es kann aber keinem Zweifel unterliegen, daß für die ordnungsmäßige Erledigung der Anwaltsprozesse ausschließlich maßgebend war, ob mit Rücksicht auf den Anwaltszwang eine genügende Anzahl von Rechtsanwälten zur Verfügung stand. Dies war zur Zeit des Erlasses der Rechtsanwaltsordnung eine ernste Sorge und mag der obenerwähnten Ministerialverfügung vom 28. Juni 1879 zur Rechtfertigung dienen, weil es damals vielleicht in erster Linie in Frage stand, diesen Spezialfall zu regeln.

Der Spezialfall ist unpraktisch geworden. Es steht unstreitig fest, daß zur ordnungsmäßigen Erledigung der Anwaltsprozesse bei allen Kollegialgerichten eine zum mindesten genügende Anzahl von zugelassenen Rechtsanwälten zur Verfügung steht. Deswegen ist die erwähnte Ministerialverfügung in den hier fraglichen Bestimmungen zu II Nr. 4 und 5 völlig veraltet und unbrauchbar, ja insofern geradezu gesetzwidrig, als es die Oberlandesgerichte anweist, ihr Gutachten unter dem nicht mehr praktischen Gesichtspunkt der ordnungsmäßigen Erledigung der Anwaltsprozesse abzugeben und den damals gleichberechtigten, jetzt aber nur noch allein in Frage stehenden Zweck des Absatz I § 10 RAO. verletzt, weil dieser die Prüfung der Simultanzulassung bei Förderlichkeit im Interesse der Rechtspflege für die gesamte Kategorie der Rechtsanwälte bei den Lokalgerichten vorschreibt. Denn dieser zum Gesetz erhobene Zweck verbietet die Zulassung einer bestimmten Anzahl von Rechtsanwälten, weil die Bevorzugung, die darin liegt, dem Interesse der Rechtspflege widerspricht. Denn dieses Interesse, darüber lassen die Materialien keinen Zweifel, wird verletzt, wenn verschiedene Klassen von Anwälten gebildet werden und damit in den Gesetz gewordenen Grundsatz der freien Advokatur Bresche geschlagen wird. Bei der Frage, ob die Simultanzulassung dem Interesse der Rechtspflege förderlich ist, kommt nach den Materialien zur RAO. in erster Linie das Interesse des rechtsuchenden Publikums und das damit eng verbundene glatte und rasche Arbeiten zwischen Anwaltschaft und Gericht in Betracht. Wird beides bejaht, dann ist die Zulassung der gesamten Rechtsanwaltschaft bei den Gerichten zur Simultanpraxis gesetzlich geboten, denn unter: „der . . . . Rechtsanwalt" in den §§ 9 und 10 RAO. ist eben zu verstehen: „die Rechtsanwaltschaft" und unter „förderlich" soviel wie „nicht nachteilig" oder „vereinbarlich" [1]).

[1]) Vgl. die außerordentlich bemerkenswerte Rede Frankenburgers bei Siegel S. 511ff.: „Nun hat man aber überhaupt als Regel hingestellt, und zwar in der hier fraglichen Bestimmung, daß der Anwalt bei mehreren Kollegialgerichten, auch wenn sie sich an seinem Wohnort befinden, nicht zugelassen wird und die Zulassung nur gewährt werden muß, wenn das Oberlandesgericht in einem Gutachten erklärt, daß zur ordnungsmäßigen Erledigung der Anwaltsprozesse die Zulassung eines weiteren Anwalts oder weiterer Anwälte notwendig sei. Das widerspricht dem eigentlichen Grundsatz der Anwaltsordnung. Nach der Anwaltsordnung soll das Bedürfnis für die Zulassung nicht entscheiden; es soll nicht gefragt werden, ob bei dem Gericht noch Anwälte nötig seien oder nicht, Ausnahmen müssen auf das allerwenigste und notwendigste beschränkt sein. Man kann von der Regel der Zulassung nur die Ausnahme machen, daß dieselbe zu versagen ist, wenn durch die Zulassung eines Anwalts bei mehreren Gerichten die Prozeßführung Schaden leidet, oder daß dieselbe nicht versagt werden kann, wenn kein Schaden zu befürchten ist. Aber das ist nicht identisch damit, daß die Zulassung durch die Begutachtung der Notwendigkeit des Anwalts bedingt werde. Ich glaube sogar, daß der Gedanke, welcher zu dem fraglichen Beschluß der Kommission Veranlassung gegeben hat, derselbe war, den ich hier vertrete; man wollte das Lokalisierungsprinzip und die Prozeßführung nicht stören, nicht geschädigt wissen. Das wird aber schon erreicht, wenn man bestimmt, daß die Zulassung nur erfolgen müsse, wenn das Interesse der Rechtspflege nicht geschädigt wird. Ich will den Ausdruck ‚nicht geschädigt wird' nicht wählen und habe den Gedanken deshalb positiv gefaßt, ‚mit dem Interesse der Rechtspflege die Zulassung der Anwälte bei mehreren Gerichten vereinbar

Die preußische Justizverwaltung hat nun offenbar einen von den vorstehenden Darlegungen verschiedenen, oben bereits erwähnten Standpunkt eingenommen, indem sie, das kann wohl angenommen werden, den bekannten Kammergerichtsbeschluß vom 22. Dezember 1904 extrahierte und daraufhin die auf § 10 Abs. 2 RAO. beruhende Bekanntmachnng vom 29. Dezember 1904, betreffend die gleichzeitige Zulassung von Rechtsanwälten bei den Landgerichten I, II, III in Berlin (JMBl. 1904 S. 332) erließ.

Der Beschluß ist gesetzwidrig, die Bekanntmachung ist gesetzwidrig, und die auf beiden beruhende Simultanzulassung der Berliner Rechtsanwälte stellt eine Verletzung des Gesetzes, nämlich des § 10 RAO., dar.

Zum Beweise dieser Thesen sei zunächst einmal die Ansicht dargelegt, welche und soweit sie in dem obigen Erlasse zu erkennen ist.

Der Kammergerichtsbeschluß, der als solcher niemals veröffentlicht und daher unzugänglich ist[1]), geht nach der Bekanntmachung des Justizministers bekanntlich dahin, es sei dem Interesse der Rechtspflege förderlich, daß eine Anzahl von Rechtsanwälten, welche der Summe derjenigen entspricht, die bis zum 22. Dezember

---

ist'. Ich wurde aber darauf aufmerksam gemacht, daß die so verschiedenartige Ausdrucksweise in den aufeinanderfolgenden Absätzen des § 7 nicht bloß nicht schön genannt werden kann, sondern zu Mißverständnissen Anlaß geben dürfte. Ich bin deshalb gar nicht abgeneigt, meinen Antrag dahin zu modifizieren, daß es heißt ‚dem Interesse der Rechtspflege förderlich erklärt' statt ‚vereinbar mit dem Interesse der Rechtspflege'. Damit finde ich aber zugleich einen weiteren Grund für mein Amendement. Wenn man für die größere und weitergehende Durchbrechung des Lokalisierungsprinzips sich damit begnügt, daß vom Oberlandesgericht begutachtet wird, daß die weitere Zulassung bei anderen Gerichten dem Interesse der Rechtspflege förderlich ist — nämlich da, wo der Amtsgerichtsadvokat beim Landgericht zugelassen wird —, kann man sich noch mehr mit der gleichen Voraussetzung da begnügen, wo es sich nur darum handelt, einen Anwalt bei sämtlichen Gerichten seines Wohnorts zuzulassen. Man wird mir zugeben, daß das eine weit geringere Durchbrechung des Lokalisierungsprinzips ist, als das in den vorausgehenden Paragraphen geschieht."

[1]) Das Kammergericht und das Justizministerium haben meinen Antrag auf Einsichtnahme der betreffenden Akten abgelehnt. Vgl. über diese preußische Verwaltungspraxis des Verfassers Aufsatz (Amtliche Veröffentlichungen über auswärtige Angelegenheiten [Blaubücher], Parlamentskontrolle und das Staatswohl) in Schmollers Jahrbücher 1906 S. 131 f.

1904 einschließlich bei dem Landgericht I oder dem Landgericht II in Berlin zugelassen waren, vom 1. Juli 1906 ab gleichzeitig bei den Landgerichten I, II und III in Berlin zugelassen werde.

Aus der Aufnahme der Worte: „im Interesse der Rechtspflege" vor: „für förderlich" ergibt sich, daß die Justizverwaltung wie das Kammergericht diese Worte in Abs. 2 § 10 RAO. ergänzen und ihn so den Abs. 1 annähern. Aus der Einleitung: „Mit Rücksicht usw." folgt, daß das Kammergericht den Plenarbeschluß nicht auf Antrag eines Rechtsanwalts, sondern ganz aus sich heraus, wenn auch wahrscheinlich auf Anregung und Veranlassung der Justizverwaltung, gefaßt hat. Schließlich ist zu entnehmen, daß die Simultanzulassung der am 22. Dezember 1904 bei den Landgerichten I und II zugelassenen Rechtsanwälte opportun oder vielmehr dem Interesse der Rechtspflege für förderlich erachtet wurde, wenn sie alle in der gesetzlichen Frist von vier Wochen entsprechende Anträge stellten, daß aber nach Ablauf dieser Frist die Landesjustizverwaltung auch innerhalb der bestimmten Anzahl eine Simultanzulassung nicht mehr nach Abs. 2 § 10 RAO. gewähren dürfe oder auch nicht brauche. Jedenfalls ist von einer solchen seitdem nicht mehr die Rede gewesen.

Die Ansicht des Kammergerichts und der Justizverwaltung geht hiernach wohl dahin, daß das erstere, wie bereits oben erwähnt, durch den Abs. 2 § 10 RAO. ein eigenes Recht, selbständig die Initiative zu ergreifen, habe, und daß die Verwaltung nach ihrem Ermessen auf Grund eines so entstandenen Plenarbeschlusses alsdann Entscheidung treffen kann, nicht muß.

Denn im Gegensatz zum Abs. 1 § 10 RAO. (ist zuzulassen) heißt es im Abs. 2: entscheidet = steht die Entscheidung anheim.

Damit ist denn das Gesetz glücklich auf den Kopf gestellt. Zunächst muß auffallen, daß das Gesetz zwei Gerichte für legitimiert erklären soll, die Simultanzulassung aus eigener Initiative in die Wege zu leiten: das Landgericht in § 12 und das Oberlandesgericht in Abs. 2 § 10. Um eine widerrufliche Simultanzulassung gemäß § 12 handelt es sich ja vorliegend nicht. Dann aber ist der den Sinn und Zweck des Abs. 2 herausstellende Gegensatz der Worte: „einer bestimmten Anzahl" und „eine größere Anzahl" in § 10 Abs. 2 ganz beiseite geschoben, ja unterdrückt: wenn sich eine größere Anzahl von Rechtsanwälten meldet, als die bestimmte Anzahl, die für förderlich erklärt wird, alsdann soll die Landesjustizverwaltung unter der größeren Anzahl die bestimmte Anzahl auswählen dürfen. Meldet sich die gleiche Anzahl, d. h. stimmt die Anzahl der antragstellenden Rechtsanwälte mit der bestimmten, für förderlich erklärten Anzahl überein, oder ist sie geringer, so sind alle Antragsteller zur Simultanpraxis zuzulassen. Das Auswahlrecht des Abs. 2 wird dann nicht praktisch.

Ist also diese Befugnis zur Auswahl nur für einen bestimmten Ausnahmefall von der Regel gegeben, so ist auf die letzte zurückzugehen, um die Ausnahme richtig zu verstehen und anzuwenden. Indem der Abs. 2 eben die Worte „Erklärt . . . . für förderlich" gebraucht, greift er auf die gleichen Worte im Abs. 1 zurück und bringt damit zum Ausdruck, daß der Grundsatz des Abs. 1 auch für die in ihm (Abs. 2) geregelte Modifikation Geltung habe. Abs. 2 hätte also etwas umständlicher und völlig zweifelsfrei lauten können: Erklärt das Oberlandesgericht auf den Antrag des bei einem Kollegialgericht zugelassenen Rechtsanwalts durch Plenarbeschluß die Zulassung einer bestimmten Anzahl von Rechtsanwälten bei einem anderen, an dem Orte seines Wohnsitzes befindlichen Kollegialgerichte für förderlich, und beantragt innerhalb einer bekanntzumachenden vierwöchigen Frist eine die für förderlich erklärte Anzahl übersteigende Anzahl von Rechtsanwälten ihre Zulassung, so entscheidet unter den Antragstellern die Landesjustizverwaltung mit der Maßgabe, daß die für förderlich erklärte Anzahl zuzulassen ist. Das ist der Gedanke und Sinn des Abs. 2, wenn einmal davon abgesehen wird, ob auch die Worte: „im Interesse der Rechtspflege" vor „für förderlich" eingefügt werden müssen.

Der Plenarbeschluß des Kammergerichts durfte demnach nicht ergehen[1]), weil ihm die Verfahrensvoraussetzung, der Antrag des Rechtsanwalts, fehlte, ebensowenig, wie ein Urteil erlassen werden darf, wenn kein Antrag gestellt wird.

---

[1]) Auch der bekannte Kommentar zur RAO. von Friedländer steht zu § 10, III auf den Standpunkt des Kammergerichts, ohne diese Stellungnahme näher zu begründen oder überhaupt nur zu erkennen zu geben, daß sie zweifelhaft ist und bestritten wird.

Er durfte aber auch nicht unter ausdrücklicher Berufung auf § 10 Abs. 2 RAO. erlassen und bekanntgemacht werden, weil dieser keine selbständige Bedeutung hat und aus den oben dargelegten Gründen obsolet geworden ist. Er durfte schließlich nicht ergehen, weil er das Prinzip der freien Advokatur und die im Abs. 1 § 10 und im § 13 RAO. Gesetz gewordenen Grundsätze verletzt, indem er, wenn auch nur in beschränktem Maße, den zurzeit jedenfalls noch gesetzlich verpönten Grundsatz des numerus clausus einführt.

Von den möglichen Einwendungen gegen den hier vertretenen Standpunkt verdient eine besondere Berücksichtigung: es ist die Auslegung des Verhältnisses der beiden Absätze des § 10 RAO. dahin denkbar, daß vor „für förderlich" in Abs. 2 die Worte aus Abs. 1: „ein Interesse der Rechtspflege" ergänzt werden. Man kann der Ansicht sein, das Oberlandesgericht soll durch den Abs. 2 eine Art Bewegungsfreiheit erhalten, es soll erklären können, wir halten die Zulassung zur Simultanpraxis im Interesse der Rechtspflege für förderlich, aber nicht als allgemeinen Grundsatz, sondern der Zahl nach beschränkt.

Man kann diese Ansicht, abgesehen von dem Wortlaut, der dafür angeführt werden kann, mit der Erwägung begründen, daß die Förderlichkeitserklärung in der Einschränkung auf eine bestimmte Anzahl eher und leichter abgegeben wird, als wenn damit ganz generell ein Grundsatz ausgesprochen wird, dessen praktische Wirkung unübersehbar ist, und der gerade deshalb nur äußerstenfalls eingeführt wird. Danach wäre der Abs. 2 einer Befürchtung der Nichtanwendung des Abs. 1 entsprungen und würde dem Oberlandesgericht die Befugnis gewähren, die Förderlichkeit der Simultanzulassung mit der Einschränkung einer bestimmten Anzahl auszusprechen. Hiernach wären zwei Fälle zu unterscheiden: Das Oberlandesgericht erklärt auf Antrag die Simultanzulassung allgemein für förderlich, dann müssen alle Rechtsanwälte des einen kollegialen Lokalgerichts bei allen anderen in Frage stehenden kollegialen Lokalgerichten zugelassen werden, oder es erklärt die Simultanzulassung nur für eine bestimmte Anzahl von Anwälten für förderlich. Dann ist diese Anzahl immer in voller Höhe aufrechtzuerhalten, wenn sich genügend Antragsteller finden, wenn anders der dahingehende Plenarbeschluß nicht durch die Verwaltung entgegen der Mußvorschrift des Abs. 1 § 10 RAO. desavouiert werden soll. Wenn der Abs. 2 eine Frist zur Antragstellung setzt, so bezieht sich das nur auf die Regelung des Auswahlrechts der Verwaltung, das eben nicht in Frage kommt, wenn ein Antragsteller sich etwa nach Ablauf der Frist innerhalb der für förderlich erklärten Anzahl meldet.

Auch von dieser Ansicht aus ist die entgegengesetzte Praxis der Preußischen Justizverwaltung gesetzlich unhaltbar [1]).

Die Ansicht ist in sich durchaus geschlossen und läßt sich wohl vertreten. M. E. berücksichtigt sie nicht genügend die Entstehungsgeschichte und die Gründe, welche dahin führten, die entscheidenden Beschlüsse den höchsten Landesgerichten anzuvertrauen. Von diesen wurde eine vollständig objektive und insbesondere auch von der Justizverwaltung unabhängige Würdigung aller in Betracht kommenden tatsächlichen Faktoren und zugleich die Beachtung und Durchführung der in der RAO. niedergelegten allgemeinen Grundsätze erwartet. Zu diesen gehörten und gehören auch die einer freien Advokatur und der Zulassung des Anwalts ohne Rücksicht auf das Bedürfnis. Mit diesen ist es unverträglich, daß es zwei Klassen von Anwälten gibt, die von der Justizverwaltung geschaffen und in Permanenz gehalten merden können.

Die Entstehungsgeschichte ist oben dargelegt. Aus beiden Gesichtspunkten wird die letzt dargestellte Konstruktion abgelehnt und die zuerst ausgeführte Ansicht aufrechterhalten, nach der Abs. 2 § 10 RAO. obsolet geworden ist.

Wenn das Kammergericht sogar noch eine dritte Ansicht zu vertreten scheint, so liegt die erste Fehlerquelle in der oben erörterten Ministerialverfügung vom 29. Dezember 1879.

Die vorstehenden Ausführungen, insbesondere auch zu der Preußischen Ministerialverfügung und dem Plenarbeschluß des Kammergerichts, ergeben, daß das Prinzip der Lokalisierung von der Preußischen Justizverwaltung in restriktivster Weise durchgeführt

---

[1]) Auf die unabsehbaren zivilprozessualen Konsequenzen dieser m. E. ungesetzlichen Simultanzulassung, die Unzulässigkeit und Unwirksamkeit der prozessualen Rechtshandlungen der hiernach zu Unrecht als Prozeßbevollmächtigte zeichnenden Simultananwälte (Zurückweisung vom Prozeßbetriebe? Wiederaufnahme des Verfahrens?) sei nur hingewiesen.

wurde. Die Befürchtungen der Reichstagskommission nach dieser Richtung sind also nicht unbegründet gewesen.

Diese Befürchtungen haben nun dahin geführt, daß zwei von der Verwaltung unabhängige Durchbrechungen des Lokalisierungsprinzips zum Gesetz erhoben wurden, die eine, welche die maßgebenden Entscheidungen den Oberlandesgerichten in der Erwartung ihrer Unabhängigkeit anvertraute (§§ 9, 10, 12 RAO.), und in dieser Zuversicht leider keine Rechtsmittel gegen ihre Entscheidung gewährte; die andere, welche dem privilegierten, zugelassenen Anwalt die Befugnis gab, jeden nicht zugelassenen Rechtsanwalt zu substituieren.

Hiernach muß das auf der letzteren Durchbrechung des Lokalisierungsprinzips beruhende Substitutionsverfahren als ein gesetzmäßiges bezeichnet werden, zumal wenn dabei die vom Berliner Anwaltsverein neuerdings beschlossenen Grundsätze beachtet werden. Wie man dabei von Gesetzwidrigkeit oder einem Verfahren in fraudem legis sprechen kann, ist unverständlich und scheint auf der irrtümlichen Ansicht zu beruhen, daß die RAO. das Prinzip der Lokalisierung uneingeschränkt und strikt durchgeführt habe, was, wie ausgeführt, unrichtig ist[1]).

Entspricht das als bekannt vorausgesetzte Substitutionsverfahren aber den Zwecken, die Abs. II § 27 verfolgt, und steht es daher vollständig mit dem Gesetz in Einklang, so kann auch dabei eine Verletzung der anwaltlichen Berufspflichten (§ 28 RAO.) nicht in Frage kommen. Die vielfach angezogene Entscheidung des Ehrengerichtshofes für deutsche Rechtsanwälte vom 17. Januar 1888 (Bd. 4 S. 151ff.) hat mit dem hier zur Diskussion stehenden Substitutionsverfahren nichts zu tun, denn diese Entscheidung befaßt sich ausschließlich mit der Unzulässigkeit der Gebührenteilung zwischen einem Amtsgerichts- und Landgerichtsanwalt in einer Berufungssache beim Landgericht unter dem Gesichtspunkt einer unlauteren Konkurrenz. Nun erblickt freilich die Entscheidung des Ehrengerichtshofs in dem Verfahren, das seiner

[1]) Vgl. auch Beschluß des Reichsgerichts vom 14. Februar 1881 (bes. zum Schluß) in Seufferts Arch., Neue Folge, Bd. 6 S. 878ff. und in Blums Annalen, Bd. 3 S. 330.

Rechtsprechung unterlag[1]), „eine Umgehung des Gesetzes", wobei sie anscheinend unter „Gesetz" den nach ihrer Meinung in den §§ 8 und 27 RAO. wie § 74 ZPO. alter Fassung kodifizierten Grundsatz der Lokalisierung versteht und die oben dargelegten erheblichen Durchbrechungen dieses Grundsatzes nicht berücksichtigt.

Die Entscheidung kann in ihren die angebliche Gesetzesumgehung betreffenden Gründen als richtig nicht anerkannt werden. Zunächst ist nicht jede Umgehung des Gesetzes gesetzwidrig und anwaltlich unzulässig. Ich erinnere an die vom Reichsgericht schließlich gebilligte Sicherheitsübereignung, die eine Umgehung der gesetzlichen Bestimmungen über das Pfandrecht an Mobilien darstellt. Es kommt eben darauf an, ob die Zwecke gebilligt werden, denen die angebliche Umgehung des Gesetzes dient. Wenn nun in dem Falle des Ehrengerichtshofes als solche Zwecke das Unterbieten der anderen Kollegen und Billigerarbeiten festgestellt werden, so versteht sich die Mißbilligung und Verurteilung eines solchen unlauteren Verhaltens von selbst. Dagegen kommen für das hier in Rede stehende Substitutionsverfahren solche unlauteren Motive nicht in Frage, vielmehr handelt es sich hierbei immer darum, dem stillschweigenden oder ausdrücklichen Wunsche der Partei, daß der Anwalt ihres Vertrauens ihre Vertretung möglichst vollständig führe, einen Weg zu eröffnen, und zwar einen solchen, den gerade das Gesetz im § 27 RAO. Abs. II ausdrücklich vorsieht. Der Ehrengerichtshof würde hiernach das Substitutionsverfahren, das die dargelegten Zwecke verfolgt, weder als eine Umgehung des Gesetzes bezeichnen, noch auch als gegen § 28 RAO. verstoßend mißbilligen können.

[1]) „Wenn auch durch das hier fragliche Übereinkommen dieser Vorschrift äußerlich nicht entgegengehalten wurde, weil ja die vom Amtsgerichtsanwalt gefertigten Schriftsätze von dem Landgerichtsanwalt unterzeichnet und unter seiner Verantwortung eingereicht wurden, so muß doch darin dem ersten Richter beigepflichtet werden, daß tatsächlich und materiell die Prozeßführung mit Ausnahme der mündlichen Vertretung in den Händen des Amtsgerichtsanwalts lag, zumal dieser nicht etwa bloß . . . . . Konzepte der verschiedenen Schriftsätze fertigte . . . . ., sondern seine Arbeit sofort mit der nötigen Anzahl von Abschriften übersandte, so daß dem Anwalt am Landgerichte wohl regelmäßig nur die Unterzeichnung des unveränderten Schriftsatzes übrig blieb, und der Inhalt im ganzen seinem Einfluß entzogen war."

Wohl mögen die gesetzgebenden Faktoren nicht an den Fall gedacht haben, der heute praktisch geworden ist, daß nämlich in einer großen Stadt wie Berlin die Justizverwaltung durch eine nach obigen Darlegungen den Grundsatz des § 10 Abs. 1 RAO. wie den der freien Advokatur verletzende Zulassung einer beschränkten, für einen bestimmten Zeitpunkt festgesetzten Zahl von Anwälten zur Simultanpraxis bei den drei Berliner Landgerichten zwei Klassen von Rechtsanwälten schaffen, und daß dies zu einer ganz unerwartet häufigen Anwendung des § 27 Abs. II RAO. führen würde, um mit Hilfe dieser Bestimmung den verletzten Grundsätzen des § 10 RAO. und der freien Advokatur auf diesem Wege zum Siege zu verhelfen. Wenn auch wohl niemand an die Möglichkeit einer solchen Entwickelung gedacht hat, so muß doch der § 27 Abs. II RAO. als ein Sicherheitsventil gegen die Willkür oder die Kurzsichtigkeit der Justizverwaltung bezeichnet werden, als eine Bestimmung, die der Selbsthilfe des rechtssuchenden Publikums und der Anwälte überläßt und überlassen will, was das Interesse der Rechtspflege erheischt. Vielleicht und das ist der Wunsch und die Erwartung, zu der alle bisherigen Darlegungen hinführen, wird der gesetzlich zulässige und jetzt allgemein in Übung befindliche Akt der Selbsthilfe und die damit notwendig verbundene Belästigung und Erschwerung einer geordneten Prozeßführung das Kammergericht zu einer nochmaligen Prüfung des von ihm bisher eingenommenen Rechtsstandpunktes und weiter dahin bringen, die Berliner Anwaltschaft allgemein zur Simultanpraxis an den Berliner Landgerichten zuzulassen, und damit das Gesetz wieder zu Ehren zu bringen, das in § 10 RAO. bestimmt, daß die Zulassung zur Simultanpraxis dem Interesse der Rechtspflege nur dann förderlich sein kann, wenn sie für die gesamte Rechtsanwaltschaft bei den für die Simultanzulassung in Frage stehenden, kollegialen Lokalgerichten oder überhaupt nicht eingeführt wird [1] [2].

---

[1]) Nach dem hier vertretenen Rechtsstandpunkt müssen auch die bereits simultan zugelassenen Rechtsanwälte neue Anträge stellen, um die gesetzwidrig eingeführte und gesetzwidrig fortbestehende Simultanzulassung wieder mit dem Gesetz in Übereinstimmung zu bringen.

[2]) Wertvoll und interessant wäre es, wenn die süddeutschen und mitteldeutschen Kollegen die Durchführung der Simultanzulassung in den anderen,

Sollte das Kammergericht in dieser wichtigen Lebensfrage der Berliner Anwaltschaft versagen, so bleibt nur noch ein Weg: die Gesetzgebung[3]).

nicht preußischen Bundesstaaten darstellen und so zur allgemeinen Kenntnis bringen möchten.

[3]) Diese wird wohl auf alle Fälle mit den vorliegenden Problemen sich beschäftigen müssen, wenn sie an eine Neuordnung des Zivilprozesses herantreten sollte.

### § 7.
### Regierungsentwurf.

Die Zulassung erfolgt bei einem bestimmten Gerichte.

Kammern für Handelssachen, welche ihren Sitz an einem andern Orte als an dem des Landgerichts haben, sind im Sinne dieses Gesetzes als besondere Gerichte anzusehen.

Der bei einem Kollegialgerichte zugelassene Rechtsanwalt kann zugleich bei einem anderen an demselben Orte befindlichen Kollegialgerichte zugelassen werden.

Ist der Rechtsanwalt bei einem Landgerichte zugelassen, welches zum Bezirk eines mehreren Bundesstaaten gemeinschaftlichen Oberlandesgerichts gehört, so kann er zugleich bei dem letzteren zugelassen werden, auch wenn dasselbe an einem anderen Orte seinen Sitz hat.

Der bei einem Amtsgerichte zugelassene Rechtsanwalt kann zugleich bei dem Landgericht, in dessen Bezirke das Amtsgericht seinen Sitz hat, sowie bei den im Bezirke des Landgerichts befindlichen Kammern für Handelssachen zugelassen werden.

### Anträge erster Lesung zu § 7.

a. In § 7 Abs. 5 das Wort „kann" durch die Worte „muß auf seinen Antrag" zu ersetzen;

b. Abs. 1 des § 7 folgendermaßen zu fassen:

„Die Zulassung erfolgt bei einem bestimmten Kollegialgerichte."

den Abs. 2 zu streichen und

den Abs. 5 zu fassen:

„Die Zulassung bei einem Landgerichte erstreckt sich zugleich auf alle im Bezirke desselben befindlichen Kammern für Handelssachen."

den Abs. 3 zu streichen,

den Abs. 4 zu fassen, wie folgt:

„Im Falle des § 7 Abs. 4 muß der Rechtsanwalt am Orte des Landgerichts seinen Wohnsitz nehmen und bei dem Oberlandesgericht einen dort wohnhaften ständigen Zustellungsbevollmächtigten bestellen."

c. Unter Ablehnung beider Paragraphen folgende Bestimmungen aufzunehmen:

„Die Zulassung erfolgt bei einem bestimmten Kollegialgerichte oder für die Amtsgerichte eines Oberlandesgerichtsbezirks.

Sind an demselben Orte mehrere Kollegialgerichte, so ist der bei einem derselben zugelassene Rechtsanwalt auf seinen Antrag auch bei anderen an demselben Orte befindlichen Kollegialgerichten zuzulassen. Der Landesgesetzgebung bleibt in diesem Falle vorbehalten, für einzelne Orte die Zulassung auf ein bestimmtes Gericht oder bei mehreren Gerichten auf bestimmte Sachen zu beschränken.

Ist der Rechtsanwalt bei einem Landesgerichte zugelassen, welches zum Bezirke eines mehreren Bundesstaaten gemeinschaftlichen Oberlandesgerichts gehört, so muß er bei dem letzteren zugelassen werden, auch wenn dasselbe an einem anderen Orte seinen Sitz hat."

d. In § 7 Abs. 3 und 4 statt des Wortes „kann" zu setzen „muß auf seinen Antrag".

e. In § 7 nach Abs. 2 als Abs. 2a einzuschalten:

„Der bei einem Landgericht zugelassene Rechtsanwalt kann zugleich bei den an einem anderen Orte im Bezirke des Landgerichts befindlichen Kammern für Handelssachen und der bei solchen Kammern für Handelssachen zugelassene Rechtsanwalt zugleich bei dem Landgerichte des Bezirks derselben zugelassen werden."

### § 7 nach der ersten Lesung der Kommission.

„Die Zulassung erfolgt bei einem bestimmten Kollegialgerichte.

Der zugelassene Rechtsanwalt muß auf seinen Antrag zugleich bei einem anderen, an demselben Orte befindlichen Kollegialgerichte zugelassen werden.

Ist der Rechtsanwalt bei einem Landgerichte zugelassen, welches zum Bezirke eines mehreren Bundesstaaten gemeinschaftlichen Oberlandesgerichts gehört, so muß er auf seinen Antrag zugleich bei dem letzteren zugelassen werden, auch wenn dasselbe an einem anderen Orte seinen Sitz hat.

Die Zulassung bei einem Landgerichte erstreckt sich zugleich auf die im Bezirke desselben an einem anderen Orte befindlichen Kammern für Handelssachen."

### Anträge zweiter

g. Für § 7:

„Die Zulassung erfolgt bei einem be
Kammern für Handelssachen, welche
dem des Landgerichts haben, sind im Si
anzusehen.

Der bei einem Landgerichte zugelasse
bei einem anderen an demselben Orte befi

Ist der Rechtsanwalt bei einem Lan
eines mehreren Bundesstaaten gemeinscha
er auf Antrag zugleich bei dem letzteren
einem anderen Orte seinen Sitz hat.

Der bei einem Amtsgerichte zugelasse
bei dem Landgerichte, in dessen Bezirk da
im Bezirke des Landgerichts befindlichen
Dazu war

h. der Unterantrag gestellt:
in Absatz 6 die Worte „ist" und „zuzula
und „zugelassen werden".

i. Zu § 7:

„Die Zulassung erfolgt bei einem be

Die Zulassung bei einem Landgerich
desselben an einem anderen Orte befindli

Wenn ein Oberlandesgericht durch P
der ordnungsmäßigen Erledigung der An
einem an demselben Orte befindlichen La
bei dem Oberlandesgerichte zuzulassen,
Beschlusses dem bei einem dieser Gerichte
haften Rechtsanwalt das Recht auf Zulas

Wenn ein mehreren Bundesstaaten
Plenarbeschluß erklärt, daß es zum Zwe
Anwaltsprozesse erforderlich erscheint, die
gehörigen Landgerichten zugelassenen Rech
zuzulassen, so steht bis zur Wiederaufhebu
gerichten zugelassenen Rechtsanwälten das
gerichte zu."

k. Statt der Absätze 3 und 4 des Antrages

3) „Der zugelassene Rechtsanwalt
anderen, an demselben Orte befindlichen
dem Orte des Gerichts seinen Wohnsitz ni
die Zulassung von Rechtsanwälten für al
wenn die Zulassung zum Zweck der ord
prozesse nicht mehr erforderlich erscheint."

4) „Der bei einem Landgericht zug
mehreren Bundesstaaten gemeinschaftlichen
Antrag auch bei dem letzteren zuzulassen
Zulassung der bei einem Landgericht zug
Bundesstaaten gemeinschaftlichen Oberland
zum Zwecke der ordnungsmäßigen Erl
erforderlich ist."

5) Den nach Abs. 3, 4 zugelassenen
nicht wieder entzogen werden."

l. In Abs. 3 und 4 des Antrages k nach d
„Die Landesjustizverwaltung kann"
„auf Grund des Gutachtens des Ob

m. Statt des Abs. 3 im Antrage i zu setzen:

„Der zugelassene Rechtsanwalt ist a
an dem Orte seines Wohnsitzes befindliche
dem Gutachten des Oberlandesgerichts d
mäßigen Erledigung der Anwaltsprozesse

n. In Abs. 3 des Antrages i statt „Landge
Zeile 5 statt „Oberlandesgerichte" zu sage

nderen Orte als an
s besondere Gerichte

auf Antrag zugleich
e zugelassen werden.
velches zum Bezirke
chtes gehört, so kann
h wenn dasselbe an

zugleich auf Antrag
itz hat, sowie bei den
ssachen zuzulassen."

die Worte „kann"

chte.
auf die im Bezirke
ndelssachen.
daß es zum Zwecke
ich erscheint, die bei
Rechtsanwälte auch
deraufhebung dieses
ze desselben wohn-
nderen Gerichte zu.
erlandesgericht durch
gen Erledigung der
en, zu seinem Bezirk
n Oberlandesgerichte
den bei diesen Land-
bei dem Oberlandes-

zugleich bei einem
lassen, wenn er an
stizverwaltung kann
gerichte ausschließen,
gung der Anwalts-

zum Bezirke eines
ehört, ist auf seinen
erwaltung kann die
e bei dem mehreren
wenn die Zulassung
prozesse nicht mehr

die erteilte Befugnis

ch bei einem anderen
zulassen, wenn nach
vecke der ordnungs-

egialgerichte" und in
gerichte".

### § 7 in der endgültigen Fassung der Kommission nach der zweiten Lesung.

Die Zulassung erfolgt bei einem bestimmten Kollegialgerichte.

Die Zulassung bei einem Landgericht erstreckt sich zugleich auf die im Bezirke desselben an einem anderen Orte befindlichen Kammern für Handelssachen.

Der zugelassene Rechtsanwalt ist auf seinen Antrag zugleich bei einem anderen an dem Orte seines Wohnsitzes befindlichen Kollegialgerichte zuzulassen, wenn nach dem Gutachten des Oberlandesgerichts die Zulassung zur ordnungsmäßigen Erledigung der Anwaltsprozesse erforderlich ist.

Wenn ein mehreren Bundesstaaten gemeinschaftliches Oberlandesgericht durch Plenarbeschluß erklärt, daß es zur ordnungsmäßigen Erledigung der Anwaltsprozesse erforderlich ist, die bei allen oder einzelnen, zu seinem Bezirke gehörigen Landgerichten zugelassenen Rechtsanwälte auch bei dem Oberlandesgerichte zuzulassen, so steht bis zur Wiederaufhebung dieses Beschlusses den bei diesen Landgerichten zugelassenen Rechtsanwälten das Recht auf Zulassung bei dem Oberlandesgerichte zu.

### Abänderungsantrag Klotz zu § 7.

Die Kommission wolle beschließen: § 7 Abs. 4 so zu fassen:

Der bei dem Kollegialgerichte zugelassene Rechtsanwalt ist auf Antrag bei einem anderen an demselben Orte befindlichen Kollegialgerichte zuzulassen, wenn das betreffende Oberlandesgericht die Zulassung im Interesse der Rechtspflege erachtet.

Der Antrag wurde, nachdem Abgeordneter Klotz erklärt, sein Antrag bezwecke, die Frage der Zulassung zur Simultanpraxis nicht in Ansehung einzelner Personen der Rechtsanwälte, sondern für die gesamte Klasse der an einem Lokalgerichte zugelassenen Rechtsanwälte zu entscheiden, und sodann nochmals konstatiert,

daß der Antrag Klotz sich nicht auf einzelne Personen, sondern auf ganze Kategorien der zuzulassenden Anwälte beziehe,

angenommen.

### Abänderungsantrag Lasker und Gen. zu § 7.

I. (Lokalisierung betreffend).

1. Statt der Absätze 1 und 2 zu setzen:

„Die Zulassung erfolgt bei einem bestimmten Gerichte.

Kammern für Handelssachen, welche ihren Sitz bei einem anderen Orte, als an dem des Landgerichts haben, sind im Sinne dieses Gesetzes als besondere Gerichte anzusehen."

und als § 7a hinzuzufügen:

„Der bei einem Amtsgerichte zugelasse Rechtsanwalt kann auf seinen Antrag zugleich bei dem Landgericht, in dessen Bezirke das Amtsgericht seinen Sitz hat, sowie bei den im Bezirke des Landgerichts befindlichen Kammern für Handelssachen zugelassen werden. Die Zulassung muß erfolgen, wenn sie nach dem übereinstimmenden Gutachten des Oberlandesgerichts und des Vorstandes der Anwaltskammer dem Interesse der Rechtspflege förderlich ist".

2. Statt des Abs. 3 als § 7b zu setzen:

„Der bei einem Kollegialgerichte zugelassene Rechtsanwalt ist auf seinen Antrag zugleich bei einem anderen, an dem Orte seines Wohnsitzes befindlichen Kollegialgerichte zuzulassen, wenn das Oberlandesgericht durch Plenarbeschluß die Zulassung der ordnungsmäßigen Erledigung der Anwaltsprozesse für erforderlich erklärt.

Erklärt das Oberlandesgericht die Zulassung einer bestimmten Anzahl von Rechtsanwälten für erforderlich und beantragt innerhalb einer bekannt zu machenden vierwöchigen Frist eine größere Anzahl von Rechtsanwälten ihre Zulassung, so entscheidet unter den Antragstellern die Landesjustizverwaltung."

3. Den Absatz 4 als § 7c aufzunehmen.

### Abänderungsantrag Frankenburger zu § 7.

Der Reichstag wolle beschließen:

1. zu § 7 Abs. 3 der Beschlüsse der Kommission und gleichzeitig zu § 7b der eingebrachten Abänderungsanträge
   a. statt der Worte „zur ordnungsmäßigen Erledigung der Anwaltsprozesse für erforderlich"

folgende Worte zu setzen:

„mit dem Interesse der Rechtspflege für vereinbar"

und

b. in Zeile 2 Abs. 2 des § 7b der Abänderungsanträge statt des Wortes „erforderlich" zu setzen das Wort „statthaft".

FSC
www.fsc.org
MIX
Papier | Fördert
gute Waldnutzung
FSC® C083411

Kolibri 360 GmbH
Ferdinand-Jühlke-Straße 7
99095 Erfurt, Deutschland
produktsicherheit@kolibri360.de